AF595262

LES MARTYRS,

OU

EUDORE ET CYMODOCÉE,

PANTOMIME

EN TROIS ACTES, A GRAND SPECTACLE,

Tirée de l'ouvrage de M. DE CHATEAUBRIANT;

PAR J. G. A. CUVELIER;

Musique de MM. ALEXANDRE et HENRI;

Ballets de M. JACQUINET, Décorations peintes par MM. MOENCH et ISIDORE.

Heu! quam difficile est crimen non prodere vultû.

OVIDE.

PARIS,

BARBA, Libraire, Palais-Royal, derrière le Théâtre Français, n°. 51.

DE L'IMPRIMERIE D'ÉVERAT, RUE DU CADRAN, N°. 16.

1814.

PERSONNAGES.	ACTEURS.
EUDORE, Grec d'origine, ancien tribun militaire et général des armées Romaines, proscrit comme Chrétien.	*M. Franconi cadet.*
HIÉROCLÈS, Proconsul, Gouverneur de la Grèce.	*M. Bunel.*
DÉMODOCUS, descendant et Prêtre d'Homère.	*M. Lahaye.*
DOROTÉ, Anachorète.	*M. Larey.*
ZACHARIE, vieux Confesseur de la foi, et l'un des chefs de l'Église de la Grèce.	*M. Vissot.*
FURIUS, tribun militaire.	*M. Baudot.*
MARCUS. } Centurions.	*M. Gougibus.*
TIRIUS. } Centurions.	*M. Masse.*
CARNIFEX, chef des Licteurs.	*M. Ahn père.*
APER, chef des Rétiaires.	*M. Larey.*
IDAMAS, Grand-Prêtre de Jupiter.	*M. Lebreton aîné.*
MARTYRS.	*MM. Bassin, Dumouchel, L'Espérance, Lafargue, Gougis, Et Lebrun.*
APOSTATS.	*MM. Lagoutte, Léger aîné, Masse, Charles Léger, Ahn fils, Et Fréderic.*
Décurions de la garde du Proconsul.	*MM. Thierry Et Lebreton cadet.*
Jeunes Esclaves de Démodocus.	*MM. Emile Et Bassin fils.*
Chevaliers Romains.	*MM. les Écuyers.*
Soldats Romains.	*Comparses.*
Peuple Grec.	*Figurants et Figurantes.*
Chasseurs. Gladiateurs.	*Mrs. les Danseurs.*

PERSONNAGES.	ACTEURS.
Prêtres subalternes.	*Comparses.*
Enfants consacrés aux Dieux.	*Jeunes Figurants.*
Sacrificateurs. Licteurs. Rétiaires ou esclaves Scythes, chargés de conduire les bêtes féroces.	*Comparses.*
CYMODOCEE, Fille de Demodoéus, consacrée dès son enfance au Culte des Muses.	*Mme. Franconi jeune.*
EURYMÉDUSE, Nourrice de Cymodocée.	*Melle. Tigée.*
Une Prêtresse de Diane.	*Melle. Hüe.*
Suivantes de Cymodocée.	*Mlles. Caroline, Dubois, Victoire, Et Richer.*
Courtisannes Grecques.	*Mmes. les Danseuses.*
Chasseresses. Esclaves avec les attributs des Neuf-Muses.	*idem.*
Femmes Grecques.	*Figurantes.*

Personnages allégoriques.

Un Archange.	*Melle. Adèle.*
L'Ange exterminateur.	*M. Blin.*
L'Ange des Ténèbres.	*M. Lahaye fils.*
Les Ombres d'Eudore et de Cymodocée, et de tous les Martyrs.	
La Religion.	
Puissances célestes.	

La Scène se passe en Grèce, sous le règne de l'Empereur Galérius.

PRÉFACE.

L'AUTEUR d'une Pantomime ressemble en quelque sorte à un homme qui, pour perfectionner les jouissances de sa vue, renonceroit volontairement à l'usage des autres sens. On le taxera, sans doute, d'imprudence et de folie, s'il ne réussit à se dédommager de la privation des uns par la perfection de l'autre : mais où trouver la perfection, même en Pantomime ?

En plaçant, dans la *galerie du Silence*, l'esquisse du beau sujet *des Martyrs*, il m'a fallu sacrifier le style éloquent, la profondeur des pensées, le charme inépuisable de l'ouvrage de M. *de Chateaubriant*; toutes ces beautés, enfin, qu'il est plus facile de critiquer que d'imiter.

Mais ne m'accusera-t-on pas de témérité, si je prétends plaire encore, lorsque je ne présente que la charpente de l'édifice superbe, après l'avoir dépouillé de ses riches ornemens ; et suffira-t-il de dire, pour ma justification, que je me suis efforcé de conserver les plus brillans effets de mon modèle, avec leur intention religieuse et morale?

On sait que la gravure étend la célébrité du peintre, et qu'elle prouve le succès du tableau, quoiqu'elle n'en retrace point les nuances et le coloris.

En calquant mes groupes sur ceux *des Martyrs*, je confesse donc, en toute humilité, que je n'ai d'autre mérite que l'exactitude du burin, et que je n'eus jamais la folle pensée de vouloir ajouter une fleur à la couronne de l'auteur de ce livre célèbre. J'ai cherché à procurer de nouvelles jouissances au public amateur du *drame muet*; je ne désire donc qu'une seule chose, c'est d'obtenir de son indulgence l'approbation dont il a daigné favoriser mes productions précédentes du même genre.

Cette pièce, faite sur la première édition du roman, fut trois fois présentée et trois fois refusée à la censure, sous la police précédente; le nom seul du chantre du Jourdain étoit alors un titre de proscription. Un tems plus heureux, un autre gouvernement m'ont permis de présenter ce léger dessin.

Si j'ai prouvé par l'éloquence de l'exemple que les lois divines réparent les injustices humaines, et que souvent, même ici bas, la puissance du crime ne peut le sauver de la punition; mon cœur sera satisfait, et j'aurai rempli mon but. C'étoit jadis celui des immortels auteurs de *Polyeucte* et d'*Athalie*,

. . . . *Si componere magnis*
Parva licet. (VIRGILE.)

LES MARTYRS,

PANTOMIME EN TROIS ACTES.

ACTE PREMIER.

Le Théâtre représente une campagne; dans le fond, à gauche (de l'acteur), sur une colline boisée et fleurie, le temple de Diane : en avant, à droite, la maison de Démodocus; en face, l'entrée d'un petit bois consacré.

SCENE PREMIERE.

Il fait nuit, la lune brille dans le ciel, sa lumière est répandue sur la campagne.

Le peuple se rassemble aux sons de la trompe guerrière.

SCENE II.

La vieille Euryméduse sort de la maison de Démodocus. Elle est bientôt suivie par le Grand-Prêtre, Cymodocée sa fille, et leurs esclaves.

SCENE III.

Le tribun Furius suivi de Tirins et de Marcus, vient proclamer la proscription des Chrétiens, par l'ordre du Proconsul Hiéroclès.

Le peuple est consterné.

Les soldats romains sortent avec leurs chefs.

SCENE IV.

Démodocus inquiet paroît blâmer une loi trop

rigoureuse; il gémit depuis longtems du despotisme du Proconsul Hiéroclès, il craint que la paix de la Grèce ne soit troublée.

Il prend la résolution d'aller consulter l'oracle du temple de Diane; il fait apporter par les suivantes de sa fille un autel et des offrandes.

Cymodocée prend sa lyre d'or. Cette jeune et belle Grecque est dévouée au culte des muses dès son enfanc ; et dans les fêtes, le son de sa lyre dirige le chœur des vierges sacrées.

Demodocus et sa suite prennent lentement le chemin du temple, il sont accompagnés par le peuple.

SCENE V.

La Prêtresse sort du sanctuaire, escortée par les sacrificateurs. Le Prêtre d'Homère lui explique le motif qui l'amène aux autels de Diane.

Il manque une victime. La prêtresse ordonne aux jeunes gens de saisir la première qui se présentera à leurs regards dans le bois sacré.

Ils obéissent.

La pretresse conduit dans le temple Démodocus, Cymodocée et Eurimeduse suivis de toutes les femmes.

SCENE VI.

A peine ont-ils disparu, Eudore accourt tenant à la main un javelot. Depuis longtemps ce jeune guerrier est l'ennemi d Hiéroclès. Le Proconsul ne peut lui pardonner la gloire qu'il a acquise en commandant les armées romaines. Le chef suprême de la Grèce trouva jadis dans Eudore un rival qui l'éclipsoit par ses talens et ses vertus.

A l'époque du Proconsulat d'Hiéroclès, Eudore retiré dans l'Achaïe, cultivoit en paix le champ de ses pères, comme un autre Cincinnatus. Sa modestie, une conduite sage, modérée, exempte d'ambition, n'ont pu désarmer la jalousie d'Hiéroclès, et l'empereur Galerius ayant laissé commencer dans ce tems les premières persécutions contre les chrétiens, l'attachement connu d'Eudore à la loi nouvelle, a semblé justifier la haine d'Hiéroclès. Ainsi donc le brave Eudore chassé de ses domaines, proscrit, menacé d'une prison ignominieuse, cherche partout un asile qui le dérobe à l'acharnement des soldats que le Proconsul a mis à sa poursuite. Il entend du bruit, il se cache dans le petit bois.

SCENE VIIe.

Le tribun Furius averti par un de ses espions de la présence d'un proscrit dans les limites du camp qu'il commande, ordonne à ses soldats de le chercher partout et de l'amener mort ou vif.

Les soldats se dispersent.

SCENE VIIIe.

Eudore a entendu cet ordre barbare, il sort du bois sacré, il cherche les moyens de s'échapper.

Un bruit de chasse a frappé les échos : il rentre dans le petit bois dont l'épaisseur peut le protéger un moment contre la rage de ses ennemis.

SCENE IX.

Les jeunes grecs reparoissent; ils conduisent un cerf dont la tête est ornée de guirlandes de feuillages.

SCENE X.

Avertie de l'approche de la victime par les chants consacrés pour la chasse, la prêtresse de Diane sort du Temple avec Démodocus et sa fille.

Toutes les femmes se grouppent sur la colline.

Les Sacrificateurs s'emparent de la victime, ils

la conduisent auprès du temple, la jeune Cymodocée la couronne de fleurs, le feu est allumé sur l'autel, la Prêtresse saisit le couteau des sacrifices.

Tout à coup l'astre de Diane, se couvre d'une vapeur rougeâtre, la foudre grónde, un orage menaçant se forme sur la crête des montagnes, le peuple se trouble.

Démodocus conçoit que les Dieux n'approuvent pas la persécution commandée par le Proconsul.

La Prêtresse veut le rassurer, les Sacrificateurs saisissent la victime, la Prêtresse est prête à la frapper la foudre éclate, le cerf s'enfuit, les vierges, les chasseurs, les prêtres et le peuple se sauvent de divers côtés.

SCENE XI.

Eudore se montre à l'entrée du petit bois, et n'apercevant aucun autre endroit pour se mettre à l'abri, il y rentre de nouveau.

SCENE XII.

Séparée de sa nourrice et de son père par la violence de l'orage qui va toujours en croissant, Cymodocée, tremblante et égarée, se réfugie près du bosquet consacré.

A la lueur d'un éclair prolongé, elle aperçoit Eudore appuyé sur son javelot. A sa vue la jeune vierge émue s'arrête; elle a cru voir Endymion, l'amant chéri de Diane. Elle admire ses grâces, sa douceur; Eudore paroît surpris et agité.

SCENE XIII.

Ils ont à peine échangé ces premiers regards d'amour, qui décident du bonheur de toute la vie; un lion descend de la colline.

Cymodocée aperçoit le monstre, jette un cri et se sauve vers la demeure de son père.

Le lion court sur ses traces. Eudore, revenu de

sa première surprise, aperçoit le danger de la belle Grecque.

Se jeter entre Cymodocée et l'animal féroce, le frapper de son javelot qui se brise, se précipiter sur le monstre devenu plus furieux par ce coup, d'une main, lui enfoncer son glaive dans le cœur, et de l'autre lui arracher la langue, c'est pour le courageux Eudore l'affaire d'un instant aussi rapide que la pensée. Cymodocée est évanouie dans les bras de son libérateur; il la soutient, ému tout à la fois par ses charmes et par les dangers qu'elle vient de courir.

SCENE XIV.

Démodocus et ses esclaves, Eurymédusе et les suivantes accourent en désordre et restent frappés d'étonnement en voyant le lion abattu et Cymodocée évanouie.

L'orage s'est éloigné et le tonnerre ne gronde plus que dans un extrême lointain; le jour a paru.

La fille du Prêtre d'Homère, fait un léger mouvement qui annonce son retour la vie; elle rouvre ses yeux charmans pour apercevoir son libérateur. Un mouvement de reconnoissance, d'amour, peut-être, va la précipiter dans ses bras; la pudeur la retient : elle tombe dans ceux de son vieux père, en lui montrant l'étranger sauveur.

Démodocus connoît depuis long-temps Eudore et sa haute réputation; il le remercie du service éclatant qu'il vient de lui rendre en sauvant sa fille, et lui offre l'hospitalité.

Eudore refuse modestement; il lui fait connoître qu'il est chrétien, proscrit, et que Démodocus s'expose en le recevant dans sa maison.

« Eh qu'importe, répond le sage descendant » d'Homère, as-tu calculé les dangers pour dé-

» fendre les jours de ma fille, suis moi, je les bra-
» verai tous pour protéger les tiens. »

SCENE XV.

Il parloit encore, la trompe éclatante et guerrière a retenti sur les montagnes, on s'arrête, on écoute. Un cortége nombreux se déploie sur la colline, et l'on aperçoit le Proconsul Hiéroclès au milieu de ses satellites, et environné d'une partie de la pompe impériale.

A l'aspect du tyran de la Grèce et de son cruel ennemi, Eudore frémit d'indignation.

Démodocüs cherche à calmer sa colère, et l'entraîne dans sa maison pour le dérober aux regards de son persécuteur.

SCENE XVI.

L'orgueilleux Proconsul est descendu de la colline, il s'approche de Démodocus et lui annonce qu'il vient lui demander la main de sa fille.

Après un moment de silence, le prêtre d'Homère déclare au chef de la Grèce qu'il est touché de l'honneur qu'il veut bien lui faire, et qu'il laisse à sa fille la liberté de prononcer sur sa demande.

Le Proconsul s'avance vers Cymodocée, et lui fait offrir, par ses esclaves, les cadeaux les plus précieux. Il lui déclare qu'il est prêt à partager avec elle ses honneurs, ses richesses; et certain de triompher ainsi de son cœur, il tombe à ses genoux.

La petite fille du divin Homère, les yeux modestement baissés, relève le représentant de César, en lui disant qu'elle est consacrée aux Muses, qu'elle a fait le serment de rester Vierge, et qu'elle ne peut accepter les dons brillans qui lui sont offerts.

Hiéroclès surpris et outragé par ce refus, dissimule sa fureur.

Démodocus a semblé ratifier la déclaration de sa fille, et le Proconsul n'ose braver un Prêtre des Dieux, dans la crainte d'exciter un soulèvement dans l'Achaïe. Il sort avec son escorte, en s'efforçant de cacher sous une tranquillité apparente la rage qui tourmente son cœur.

Démodocus, sa Fille et leurs Esclaves, restés sur le seuil de la porte, par respect pour la dignité proconsulaire, rentrent dans la maison dès qu'Hiéroclès s'est éloigné.

(*Le Théâtre change et représente un appartement dans l'intérieur de la maison de Démodocus ; à gauche est une fontaine avec un vase d'airain pour recevoir l'eau ; à droite, une estrade demi-circulaire servant de lit pour prendre les repas ; dans le fond, un groupe représentant les Dieux Pénates ; près de la fontaine, un fauteuil.*

SCENE XVII.

Les Esclaves viennent préparer tout ce qu'il faut pour un festin ; ils apportent la table en avant de l'estrade ; ils la couvrent de coupes, de vases et de différens mets.

Pendant ce temps, Eudore a été conduit par deux jeunes Esclaves dans l'appartement qui lui est préparé.

Démodocus vient présider aux apprêts de la fête; il ordonne de rendre les plus grands honneurs au libérateur de sa fille.

SCENE XVIII.

Cymodocée paroît avec Eurymédusе, et bientôt Eudore s'avance, amené par les Femmes, dans la salle du festin.

Le jeune Chrétien refuse avec humilité les honneurs qu'on lui destine ; le Prêtre d'Homère et sa Fille insistent avec bienveillance ; Eudore accepte enfin, par respect pour ceux qui lui donnent l'hospitalité.

Il est conduit près de la fontaine ; les Esclaves dénouent sa chaussure et lui lavent les pieds ; les Femmes lui présentent de riches brodequins, et couvrent ses épaules d'un manteau de pourpre.

Il est conduit vers la table ; il prend place sur l'estrade avec Démodocus et Cymodocée. La Nourrice et les Esclaves sont en arrière pour les servir.

Les Femmes placées en face, pincent la lyre pendant le repas, et des jeunes Filles esclaves, imitant dans leurs danses le chœur des Neuf-Muses, font hommage de leurs talens à leur belle maîtresse, pour retracer ainsi à ses yeux l'engagement qu'elle a pris de se consacrer au culte des Filles de mémoire.

Dès que le chœur a terminé cette danse allégorique, Démodocus se lève ; il remplit une vaste coupe d'or ; il la couronne de roses et la remet à sa fille pour faire une libation aux pieds des Dieux Pénates, suivant l'antique usage.

Cymodocée s'avance avec une touchante modestie vers le groupe des Pénates, et y dépose la couronne. Eudore est agité ; il voit avec peine l'idolâtrie de celle qu'il aime déjà sans le savoir ; il voudroit ne pas être témoin de cette cérémonie payenne ; mais comment se retirer sans manquer aux lois de l'hospitalité ? Cependant Démodocus a fait la libation ; Cymodocée a reçu la coupe des mains de son père ; elle la présente avec grâce à Eudore, en lui disant que puisqu'il est sous la protection de leurs Pénates, il doit, pour les honorer, se réunir à la famille dont il fait désormais partie.

A cette proposition, Eudore se trouble, il refuse la coupe, la jeune fille étonnée lui demande la cause de ce refus, Eudore lui déclare qu'il est chrétien.

Cet aveu a causé une espèce d'effroi général : il augmente lorsqu'on entend frapper à la porte à coups redoublés.

Démodocus inquiet envoie Euryméduse pour connoître la cause de ce bruit.

SCENE XIV.

Elle revient bientôt épouvantée annoncer que des soldats entourent la maison, en réclamant un proscrit, au nom de César.

SCENE XX.

Comme elle finit de parler, Furius, Tirius et Marcus à la tête de leurs satellites, ont enfoncé les portes et se précipitent dans l'appartement.

Démodocus, indigné qu'on viole ainsi son asile, interroge le tribun avec dignité.

Celui-ci répond au prêtre d'Homère en montrant l'ordre d'arrêter Eudore.

Terreur de Cymodocée : elle sent alors avec quelle violence son cœur l'entraîne vers le jeune et malheureux proscrit.

Démodocus voudroit armer ses esclaves pour opposer la force à la force ; Eudore l'arrête, il se dévoue avec calme, et remettant son épée au tribun, il lui annonce qu'il est prêt à le suivre.

Le jeune héros jette un regard touchant sur Cymodocée en pleurs ; il est au milieu des gardes qui le saisissent brusquement avec une joie féroce.

A cette vue, Cymodocée s'évanouit dans les bras de sa nourrice ; Eudore veut courir vers la jeune Prêtresse ; il est contenu par les glaives des Satellites du Tyran. Les femmes effrayées se jettent aux pieds des soldats. Démodocus se voile la figure, et tend vers les Pénates des bras impuissans comme eux. Le jeune proscrit reste seul dans le calme au milieu de ce désordre général, et s'éloigne en levant les yeux au ciel avec la résignation la plus religieuse.

Fin du premier acte.

ACTE II.

Le Théâtre représente l'appartement de Cymodocée; à droite une estrade ou lit de repos; à gauche un candélabre portant une lampe allumée.

SCENE PREMIERE.

Cymodocée est dans l'accablement; Eurymédusе et ses femmes sont auprès d'elle. Démodocus debout, la figure abattue, cherche à consoler sa fille; elle gémit et songe aux dangers que court son jeune libérateur.

Pour ne pas affliger l'auteur de ses jours, elle s'efforce de paroître un peu plus calme. Démodocus l'engage à chercher dans un sommeil réparateur l'oubli de ses maux.

Cymodocée se lève, son père l'embrasse et sort de l'appartement, en la recommandant avec toute la sollicitude paternelle aux soins délicats de sa nourrice.

SCENE IIe.

Aux ordres d'Euryméduse, les esclaves ôtent le voile et la coiffure de leur aimable maîtresse; Cymodocée se penche sur l'estrade dans l'attitude du repos.

Eurymédnse fait sortir sans bruit les femmes et se retire elle-même après avoir éteint la lampe, en priant Morphée de répandre ses pavots les plus doux sur sa chère enfant.

SCENE III.

Cymodocée cherche le sommeil ; il semble fuir ses paupières; elle soupire , elle s'agite; enfin ses yeux fatigués, de verser des larmes , se ferment, et elle s'assoupit en adressantà Eudore sa dernière pensée.

SCENE IIII.

Une lumière douce, semblable à celle de l'aurore, couvre la chambre d'une teinte empourprée : une musique aërienne et mystérieuse se fait entendre ; des nuages s'amoncèlent; l'estrade en est environnée, et l'on découvre sur un char brillant un Archange tenant à la main une palme d'or.

SCENE V.

L'Archange frappe les nuages du fond ; ils s'écartent et laissent voir Eudore au fond d'un désert.

Le jeune chrétien est prosterné au pied d'une croix ; il jette les yeux sur Cymodocée ; il lui tend les bras, et les reportant vers le signe religieux, il lui indique que ce n'est qu'à l'ombre de ce bois vénéré qu'elle trouvera le repos et le bonheur.

La fille de Démodocus se soulève pour courir vers son amant ; mais elle s'agite envain dans la vapeur légère qui l'environne ; elle retombe profondément endormie.

SCENE VI.

Tout-à-coup des licteurs et des soldats se pré–

cipitent sur Eudore ; ils renversent la croix malgré les efforts qu'il fait pour la défendre.

Les licteurs apportent une chaise garnie de pointes de fer, et preparée pour les tortures; Eudore y est attaché; un feu vif est allumé sous ses pieds : Cymodocée témoigne son effroi; O prodige ! les flammes s'écartent, s'éloignent, l'ange exterminateur descend du ciel ; il porte à la main une épée flamboyante ; la croix se relève, les licteurs et les soldats sont éblouis et renversés. En même tems un groupe sort de terre : il représente les trois images symboliques de la Foi, de l'Espérance et de la Charité.

Eudore libre au milieu de ses bourreaux saisis d'effroi, montre à Cymodocée les trois symboles; elle sourit à ce tableau : une flamme légère descend et voltige sur sa tête; elle semble pénétrée de ce feu divin.

L'Archange touche les nuages avec sa palme d'or, ils se referment.

SCENE VII.

Il en touche une autre partie qui s'ouvre et on lit ces mots en lettre de feu : *Sois chrétienne, Eudore deviendra ton époux.* Cymodocée se lève endormie avec un sourire céleste, et prend à la face du ciel l'engagement qui lui est proposé. L'Archange dépose sur l'estrade une croix d'or suspendue à une chaîne du même métal ; il remonte sur son char et disparoît ainsi que les nuages.

SCENE VIII.

Cymodocée se réveille dans un calme délicieux ; elle croit revoir les objets touchants qui viennent de s'offrir à ses regards; elle court vers le fond de l'appartement et s'arrête avec douleur en songeant que ce n'étoit qu'une illusion; mais, quelle est sa joie, lorsqu'en s'approchant de l'estrade elle aperçoit la croix d'or : elle la prend, elle la presse sur son cœur; c'en est fait, le vrai Maître du ciel triomphe; Cymodocée abjure dans son âme les faux dieux, elle est déjà chrétienne.

SCENE IX.

Eurymédusé reparoît avec les femmes attachées à sa maîtresse; elle est étonnée en voyant le changement heureux qui s'est opéré dans les traits de Cymodocée.

SCÈNE X.

Inquiet sur la santé de sa fille chérie, Démodocus s'avance avec ses esclaves ; cette heureuse fille tombe à ses pieds; sa figure est rayonnante de joie : « Voyez, lui dit-elle, en lui montrant la » croix d'or, voyez, mon père, désormais plus de » chagrins, plus de malheurs; le bien aimé sera » mon époux, je suis chrétienne et je vais me » réunir à Eudore. »

Le vieux prêtre d'Homère est frappé d'étonnement ; il relève sa fille ; croit un instant que ses sens sont égarés, il cherche à calmer son transport. Soins inutiles ! Cymodocée l'a résolu; inspirée par la grâce, elle quittera son père; elle ira partager les chaînes de son époux et mourir avec lui, si le ciel l'ordonne.

Démodocus ne peut arrêter cette effervescence. « Tu le veux, ma fille, lui répond-il, ton bonheur » est attaché à l'exécution de ce dessein ? Eh bien ! » pars, vas rejoindre cet époux persécuté, que je » plains, que j'estime....Et puisse le nouveau Dieu » pour lequel tu oublies ceux de tes pères, ne point » tromper tes douces espérances. »

Il dit, et bénit son enfant. Eurymédusé et les esclaves sont à genoux ; le père leur ordonne d'accompagner sa fille. « Quant à moi, ajoute-t-il, en-

» chaîné par mes devoirs au culte de mon divin
» aïeul, je vais, à l'exemple des sages d'Athènes,
» élever auprès de mes autels domestiques, un
» autre autel au Dieu inconnu qui s'est emparé du
» cœur de ma fille, et je le prierai de sanctifier
» l'union qu'elle va former. »

Il presse une dernière fois Cymodocée dans ses bras: tous sortent.

(*Le Théâtre change et représente, dans le fond, une place publique, en avant une promenade et la campagne, à droite un trône, en face, au milieu d'une touffe d'arbrisseaux, la statue du Dieu des Jardins.*)

SCENE XI.

Le Proconsul a fait préparer des jeux auxquels il doit présider ; il vient précédé par les Grecs subjugués, et environné par les plus fameuses courtisannes de l'Achaïe.

Les jeunes gens des deux sexes, dans le costume des bacchanales, font retentir autour de lui le bruit des cimbales: il est à la tête de l'élite des chevaliers romains; tous sont montés sur de superbes coursiers.

Le Proconsul se place sur son siège que les licteurs environnent ; les chevaliers et les fantassins ont formé leurs phalanges en face du maître de la Grèce : les Grecs vaincus se prosternent à ses pieds, tandis que les légions victorieuses abaissent, devant le représentant de César, la majesté de leurs aigles.

Les danses et les jeux commencent ; ils sont variés par des courses à pied, des combats de lutteurs, de gladiateurs, et des évolutions équestres.

Le Proconsul distribue des couronnes et des prix aux vainqueurs des différens jeux.

SCENE XII.

On amène Eudore enchaîné au pied du trône.

Le tyran frémit de joie à la vue du brave guerrier auquel il a voué une haine éternelle; mais il se contient, et prenant la gravité d'un magistrat impartial, il déclare à Eudore qu'il est soupçonné d'être un des plus zélés sectateurs de la loi nouvelle.

Eudore l'avoue avec la franchise d'un soldat, en montrant le signe chrétien qu'il porte sur son cœur.

Le Proconsul se lève avec indignation; entraînés par ce mouvement de leur chef, les chevaliers tirent leurs glaives, les licteurs lèvent leurs haches; ils menacent l'audacieux qu'ils regardent comme l'ennemi de César.

Hiéroclès les arrête pour donner à sa haine une apparence de justice, et bien certain de ne pas être obéi, il ordonne à Eudore de fléchir le genou devant la statue du dieu des Jardins.

Le guerrier refuse avec indignation ce honteux hommage; le proconsul ordonne de l'attacher à la statue, et de lui donner la mort.

Un peloton de troupes légères s'avance l'arc tendu: les flèches menacent le sein d'Eudore.

SCENE XIII.

Cymodocée, suivie d'Eurymédusе et de ses femmes, accourt les cheveux épars, perce les rangs des soldats, et tombe expirante aux pied du Proconsul.

A sa vue, les flèches s'arrêtent, le supplice est suspendu, la curiosité succède à la rage.

L'étonnement se peint sur la figure d'Hiéroclès, l'espoir sur celle d'Eudore.

La jeune Grecque s'efforçant de calmer son agitation, supplie le Proconsul d'épargner la vie du guerrier qui a sauvé la sienne.

Cette démarche prouve à Hiéroclès qu'il a un rival dans son mortel ennemi. Il conçoit le projet de l'éloigner, en laissant croire qu'il cède à des vœux dictés par la seule pitié. Il révoque donc la peine de mort et prononce la sentence d'exil.

Eudore est délivré de ses chaînes. Il est entouré par les soldats; ils le chassent de la présence du Proconsul. Il peut à peine adresser à Cymodocée un regard de reconnoissance et d'amour.

SCENE XIV.

« Tu vois ce que j'ai fait pour te plaire, dit le Proconsul à Cymodocée, le don de ta main peut seul payer la grâce que je viens de t'accorder. Veux-tu consentir enfin à me la donner ? »

Cymodocée le refuse en tremblant; le Proconsul, couvert de honte, jure à part de ne plus rien ménager : toutefois il cache sa fureur ; il ne laisse connoître que son amour à la fille de Démodocus, et se met en marche avec sa suite brillante pour retourner dans son palais; mais à part il a donné l'ordre à Furius de surveiller Eudore et de saisir la première infraction aux lois de l'empire, pour le faire jeter de nouveau dans les fers.

SCENE XV.

Restée seule avec Euryméduse et ses Femmes, Cymodocée prend la résolution de suivre les traces de celui que le ciel a désigné pour son époux et de partager son exil.

Elle prend congé de sa Nourrice et de ses Suivantes, en leur témoignant la plus touchante bonté; elles font tous leurs efforts pour ne point se séparer d'une maîtresse chérie. Cymodocée se dérobe à leurs empressemens, et leur ordonne de retourner auprès de son père. Elle prend le chemin qui conduit sur les pas d'Eudore, et ses Femmes la quittent dans la plus profonde affliction.

(*Le Théâtre change et représente un endroit désert et sauvage au milieu d'une forêt épaisse; dans le fond, une croix de bois, à gauche, l'entrée d'une caverne; plus en avant, un banc taillé dans le roc; en face du banc, à droite, une fontaine dont l'onde pure forme un petit ruisseau.*)

SCENE XVI.

L'anachorète Doroté, après avoir porté des secours aux Chrétiens réfugiés dans le désert, se retire dans la caverne qui lui sert d'asile.

SCENE XVII.

Eudore paroît; son air est sombre, ses bras sont croisés sur sa poitrine; il marche d'un pas inégal. Il vient se reposer sur le banc de roc; il pense à Cymodocée, et il tombe dans une profonde rêverie.

SCENE XVIII.

Cymodocée arrive dans le fond; elle examine la solitude qui l'environne, elle voit le signe des Chrétiens; c'est ici sans doute que son Eudore se sera retiré; elle s'avance, l'aperçoit; entraînée par un mouvement irrésistible, elle court vers lui; Eudore, arraché à ses sombres pensées, reconnoît son amante et vole dans ses bras; mais bientôt rougissant de cette foiblesse, il lui demande pourquoi elle a quitté son père, ce qu'elle vient faire dans ce désert, ce qu'elle attend de lui.

Cymodocée lui répond avec douceur, et lui raconte le songe qui l'a déterminée à abandonner ses Pénates. En faisant ce récit, elle a cru reconnoître la solitude qui l'environne. Oui, voilà ce desert dans lequel elle a vu son amant ; voilà la croix que les licteurs ont renversée ; c'est dans ce lieu même qu'elle l'a vu au milieu des flammes, sur la chaise douloureuse, et jouissant par anticipation de la gloire du martyre.

Eudore ne peut comprendre ces paroles. Cymodocée lui montre sa croix d'or ; à ce signe, le jeune guerrier reconnoît la main de Dieu qui conduit son amante, et s'humilie devant la sagesse éternelle.

SCENE XIX.

L'Anachorette est sorti de la caverne ; Eudore l'aperçoit, s'approche, et reconnoît en lui le pieux Doroté, ancien confesseur de la foi dans les Gaules.

Il lui montre Cymodocée, lui dit que c'est une jeune Néophite que Dieu lui destine pour épouse, et demande au cénobite l'eau régénératrice qui efface toutes les taches.

L'Anachorète lève les yeux vers le ciel, et remercie le Tout-Puissant de l'avoir choisi pour remplir ce saint ministère auprès de la belle Payenne.

Cymodocée s'est mise à ses genoux ; il lui impose les mains ; ensuite, secondé par Eudore, il la conduit vers la fontaine, et la fait descendre dans le petit ruisseau.

SCENE XX.

Furius paroît en arrière avec quelques soldats. Quel bonheur pour ce misérable dévoué au tyran, de surprendre l'ennemi du Proconsul, dans une cérémonie contraire aux loix de l'empire, puisque ce motif suffit pour arrêter cet exilé et le faire périr dans les supplices.

Le perfide tribun entouré de ses satellites, suit des yeux la cérémonie chrétienne et peut à peine contenir sa joie.

Cependant, Cymodocée les pieds dans le ruisseau, les épaules découvertes, les bras croisés sur la poitrine, reçoit l'onde salutaire versée sur sa tête, par le ministre d'un dieu de paix et de réconciliation: plus loin Eudore à genoux appelle sur son amante toutes les bénédictions célestes : Doroté unit la main d'Eudore à celle de Cymodocée, et consacre leur union.

La cérémonie s'est achevée; soudain Furius et ses soldats se précipitent en avant et saisissent Eudore, Cymodocée et le vieux Cénobite.

SCENE XXI.

Hiéroclès averti par ses esclaves, est accouru précédé par Carnifex; il est menaçant au milieu de ses licteurs, et sa cour l'environne en silence.

Le tribun raconte au Proconsul ce qu'il vient de voir. Les Centurions, Marcus et Tirius confirment son récit par leur témoignage : mais qu'est-il besoin de preuves? Eudore, le confesseur de la foi, la jeune Néophite elle-même ont tout avoué. La mort ne peut les effrayer.

Hiéroclès ordonne de charger Eudore de chaînes.

Cet ordre s'exécute; Cymodocée ne veut point se séparer de son amant; on l'arrache de ses bras; on la renverse.

SCENE XXIIe.

Démodocus paroît avec Eurymédusе et ses esclaves; il demande au Proconsul pourquoi on traite avec cette barbarie une fille noble, une prêtresse des Muses.

Hiéroclès lui répond qu'elle n'est plus digne de ces titres, puisqu'elle vient d'abjurer sa foi.

Démodocus insiste et réclame sa fille en sa qualité de grand Prêtre.

Le Proconsul craint d'irriter le peuple de l'Achaïe en refusant; il déclare que Cymodocée est libre, mais qu'Eudore son séducteur va être conduit dans un cachot, pour y attendre le supplice destiné aux traîtres.

A cette menace le vieux Doroté s'approche avec calme du tyran, et lui demande la mort qu'il a seul méritée, dit-il, puisque c'est par son ministère que la jeune Payenne a été arrachée au culte des Faux Dieux.

« Eh. bien, tu vas être satisfait, s'ecrie le farouche Hiéroclès.

Aussitôt, Doroté est séparé de tous ceux qui l'entourent.

L'Anachorète fait hommage à Dieu de sa vie.

Le Proconsul hors de lui, fait un signe à Furius et à Carnifex; tous deux s'élancent sur le saint vieillard, et Furius lui enfonce son glaive dans la gorge. Doroté tombe expirant en élevant les yeux vers le ciel.

Cymodocée se cache dans les bras de son père.

Eudore veut s'élancer sur l'assassin de Doroté; il est retenu par ses chaînes; le féroce Proconsul recule épouvanté ainsi que le tribun et tous ses satellites, en appercevant un ange qui présente au martyr l'auréole céleste.

Le peuple témoin de ce prodige se prosterne; il invoque la miséricorde du dieu qu'on vient d'outrager, en massacrant le ministre de ses autels.

Fin du second acte.

ACTE III.

(*Le Théâtre représente une prison, à droite l'entrée d'un cachot souterrein.*)

SCENE PREMIERE.

Les chrétiens prisonniers et enchaînés gémissent sur leur sort ; ils perdent toute confiance dans le Tout-Puissant, et s'abandonnent au désespoir.

Le vieux Zacharie, un des chefs de l'église, s'approche d'eux, « Eh ! quoi, leur dit-il, vous » gémissez parce que vous êtes dans les fers : » malgré mon âge, mes mains ne sont-elles pas » chargées de chaînes comme les vôtres ? Mon » courage en est-il abattu ? Amis, joignez-vous à » votre père, offrons nos souffrances à Dieu, et » demandons lui la palme glorieuse du martyre. »

Ces mots ont fait descendre le calme et l'espérance dans l'âme des prisonniers ; ils entourent le saint pasteur ; ils l'aident à monter sur une pierre ; et prosternés à ses genoux, ils joignent leurs prières aux vœux qu'il adresse au ciel.

Une grande rumeur interrompt ce pieux exercice. Les verroux de la prison ont retenti aux oreilles des prisonniers ; ils se lèvent inquiets ; ils cherchent à savoir si c'est la mort ou la liberté qu'on leur apporte.

Ils regardent, ils n'apercoivent qu'un nouveau compagnon d'infortune.

SCENE II.

C'est Eudore, au milieu des soldats qui se retirent, après l'avoir introduit dans la prison.

SCENE III.

Les chrétiens désirent connoître le nouveau frère qu'on leur amène; ils s'approchent d'Eudore : quel est l'étonnement de ceux d'entre eux qui ont servi dans les armées romaines, en reconnoissant leur ancien commandant ?

Eudore à son tour reconnoît plusieurs de ses compagnons d'armes, et tombe aux pieds du vénérable Zacharie en lui demandant sa bénédiction.

SCENE IV.

Un nouveau bruit se fait entendre : le féroce Aper entre dans la prison, à la tête des Rétiaires soumis à ses ordres. Ces barbares saisissent les prisonniers, les séparent d'Eudore, et les forcent de descendre dans les cachots souterreins.

SCENE V.

Eudore est étonné de se voir seul dans la prison; que veut-on faire de lui ? Que peut-il espérer ? Que doit-il craindre ?

SCENE VI.

Son incertitude a cessé en apercevant Carnifex et les licteurs qui précèdent Hiéroclès.

La présence de son ennemi ne peut lui présager que de nouveaux malheurs.

En effet, le Proconsul n'a paru dans sa prison, que pour lui faire une insulte nouvelle, en lui proposant de lui céder la possession de Cymodocée, s'il veut échapper au supplice.

Eudore indigné déclare qu'il est prêt à y marcher. « Cymodocée, dit-il, chrétienne aura le courage de voir mourir son époux, plutôt que de supporter l'ignominie que le Proconsul ne craint pas de lui offrir. »

Cette noble résistance irrite la colère du Proconsul ; il ordonne qu'Eudore soit conduit dans les cachots, et réuni aux infortunés dont il a prononcé l'arrêt. « Avant une heure, s'écrie-t-il, vous aurez tous cessé d'exister. »

Les rétiaires exécutent ses ordres, Eudore est précipité dans les souterreins, et le Proconsul sort avec ses satellites,

(*Le théâtre change et représente dans le fond une arène préparée pour les combats de gladiateurs et des bêtes féroces ; elle est séparée de la campagne par une grille d'airain. En avant, à gauche, est une tribune très-élevée sur laquelle est placée la chaise curule du chef qui préside aux jeux sanglants du cirque : en face, à droite, est une statue de Jupiter.*)

SCENE VII.

On entend des sons de trompe ; des femmes arrivent de tous côtés et écoutent avec inquiétude.

SCENE VIII.

Carnifex paroît à la tête des licteurs et fait proclamer l'édit de l'Empereur Galérius ; cet édit annonce que celui qui refuse de sacrifier aux dieux, doit périr dévoré par les bêtes féroces.

Carnifex fait afficher l'édit auprès de la tribune, et sort avec les licteurs et les soldats qui l'accompagnoient.

SCENE IX.

Le peuple est dans la consternation. Cymodocée arrive avec Euryméduse ; elle peint son inquiétude pour son époux ; elle voudroit savoir ce qui a été décidé sur le sort des Chrétiens. Les sons de trompe, répétés dans le lointain, frappent son oreille ; elle frémit involontairement ; elle interroge les Femmes. Celles-ci lui apprennent que ces sons guerriers annoncent une proclamation impériale, et elles la conduisent aux pieds de la tribune.

Cymodocée parcourt des yeux l'édit avec la plus grande agitation.

A peine l'a-t-elle lu, son désespoir éclate; elle sent bien que son époux ne peut échapper au supplice affreux qui attend ses frères. Dans son désespoir, elle veut arracher l'édit.

Un pareil éclat entraîneroit la perte de Cymodocée, sans sauver Eudore. Eurymédusé, aux genoux de sa maîtresse, la supplie de se modérer. La raison de Cymodocée semble égarée; elle ne veut rien entendre.

Les Femmes se réunissent à la bonne Nourrice; elles entourent en suppliant la jeune Prêtresse des Muses; Cymodocée défend qu'on la suive, et court vers la prison.

SCENE X.

Des pelotons de Soldats se forment à l'entrée de l'arène; les Décurions plantent les aigles romaines aux pieds de la statue de Jupiter.

SCENE XI.

Le Proconsul est arrivé avec ses Licteurs; il ordonne au tribun furius d'appeler les prêtres de Jupiter.

Carnifex a fait éloigner le Peuple; le Tribun, entouré des Licteurs, se place aux pieds de la tribune.

Idamas, grand-prêtre de Jupiter, paroît précédé de Prêtres subalternes et d'Enfans consacrés aux Dieux. On apporte un autel et des vases à l'usage des sacrificateurs.

Le Cortège se range près de la statue de Jupiter.

Les Prêtres la décorent de guirlandes de fleurs.

Idamas allume le feu sacré sur l'autel; il brûle l'encens et invoque Jupiter.

Hiéroclès ordonne d'amener les Chrétiens.

SCENE XII.

Le Tyran ne respire que la vengeance ; il voit arriver avec plaisir l'instant qui doit le délivrer d'un rival odieux.

SCENE XIII.

Eudore et ses compagnons d'infortune sont conduits par les farouches Rétiaires, devant le tribunal du Proconsul.

On leur fait lire l'édit; on leur déclare qu'ils ne peuvent se soustraire à cet arrêt qu'en faisant fumer l'encens sur l'autel de Jupiter.

Encouragés par Eudore et Zacharie, les Chrétiens refusent de se parjurer ; ils sont aussitôt entourés par les Rétiaires et les Licteurs qui lèvent sur eux leurs armes menaçantes.

Les Prisonniers, à genoux, adressent au ciel leurs prières.

Cependant la vue de la mort a fait chanceler les plus foibles.

D'un côté les femmes leur offrent des couronnes de fleurs, présages des honneurs et des plaisirs qui leur sont promis s'ils renoncent à la loi sévère du Christ ; de l'autre côté, les prêtres leur montrent des couronnes de cyprès et des voiles lugubres, emblêmes de la mort qui attend ceux qui seront rebelles aux lois de l'Empereur Romain.

Le brave Eudore redoutant cette épreuve, montre l'exemple à ses frères, et leur ouvre le chemin de la gloire immortelle : il arrache les guirlandes qui décorent la statue de Jupiter ; il les foule aux pieds : on veut le retenir, il saisit la hache de Carnifex, et dans sa sainte indignation, il s'élance pour abattre le faux dieu. Les retiaires et les licteurs se précipitent en foule sur lui ; ils sont prêts à l'immoler ; mais cette mort trop prompte ne pourroit satisfaire la haine du Proconsul, il arrête ses satellites par un geste menaçant.

Quelques chrétiens épouvantés des tortures dont on les menace, ne craignent point de violer leurs serments et font l'acte de soumission exigé par l'édit impérial. Ils sont accueillis avec joie par le peuple, et reçoivent de la main des femmes, les couronnes de fleurs.

Les autres, inébranlables dans leur foi, prennent les couronnes de cyprès. Ces derniers ayant Eudore et Zacharie à leur tête, sont couverts de voiles noirs remis entre les mains des rétiaires, et conduits vers l'arène.

SCENE XIV.

Cymodocée accourt; elle cherche partout Eudore ; elle voit au tour d'elle les apprêts du supplice. Elle adresse des reproches sanglans à Hiéroclès; elle lui redemande son époux.

SCENE XV.

Les martyrs paroissent dans l'intérieur de l'arêne.

Hiéroclès montre Eudore à Cymodocée. « Tu peux encore te sauver, lui dit-il, si tu veux revenir à la foi de tes pères, et si tu consens à me recevoir pour époux.

Hiéroclès indique la statue de Jupiter, le prêtre et l'autel. Cymodocée n'a qu'un mot à dire, les chaînes d'Eudore sont brisées et tous leurs malheurs sont finis.

Attendrie, émue, entraînée à la vue du danger de son amant, l'idée de lui sauver la vie en se sacrifiant elle même, se présente à l'imagination de Cymodocée. Elle hésite, le Proconsul la presse, elle va céder.

Du fond de l'arène, Eudore lui tend les bras, en lui criant que si elle devient parjure, il périra d'un supplice cent fois plus affreux, que celui dont on le menace, et que leur séparation sera éternelle, qu'au contraire si elle reste fidèle à Dieu et à son époux, la mort même ne pourra jamais les désunir.

La voix de son amant a changé les résolutions de Cymodocée : « Si mon Eudore est criminel, dit-elle au Proconsul, je le suis autant que lui, oui barbare mon sang doit couler avec celui de mon époux. »

En disant ces mots, elle se jette sur l'autel, sur les vases consacrés. Les prêtres indignés de ce sacrilège, se retirent en élevant les bras vers leurs Faux Dieux.

SCENE XVI.

Cymodocée menace le tyran de la vengeance céleste, et s'élance vers l'arène, suivie par le peuple en désordre.

SCENE XVII.

Le Proconsul ; poussé à bout par cette résistance inattendue, monte à la tribune, et se place sur sa chaise curule.

SCENE XVIII.

Le peuple se range autour de l'arène, les soldats sont en bataille auprès du Proconsul, les licteurs l'environnent en silence.

SCENE XIX.

Cymodocée pénétre dans l'arène, malgré les Rétiaires, et se précipite dans les bras de son époux qui veut en vain la détourner de son funeste dessein; Enrymédose accourt, elle supplie en vain pour la fille d'adoption.

Hiéroclès donne le signal de la mort et de la vengeance.

SCENE XX.

Le ciel s'obscurcit, le tonnerre commence à gronder.

A l'ordre d'Aper les Rétiaires lachent les bêtes féroces.

Elles entrent dans l'arène, et se jettent sur les martyrs, en poussant des hurlemens affreux.

Eudore s'efforce en vain de défendre sa Cymodocée, tous deux succombent; ils confondent en mourant leurs soupirs amoureux et leurs ferventes prières.

SCENE XXI.

Au même instant l'Ange exterminateur paroît

dans les airs, la foudre éclate, brise la statue de Jupiter, et renverse le barbare Proconsul avec la tribune.

Le peuple épouvanté s'enfuit, les satellites du tyran s'agitent au milieu des feux sous la pluie brûlante qui les dévore.

SCENE XXII.

L'Ange des ténèbres est sorti des abîmes, il tient à la main la faulx de la mort ; il s'empare d'Hiéroclès, tous deux s'engloutissent au milieu des flammes.

SCENE XXIII ET DERNIÈRE.

Le calme renaît, l'Archange paroît sur son char, le peuple se prosterne ; le ciel s'ouvre et on aperçoit Eudore et Cymodocée recevant la palme du martyre, au milieu des puissances célestes qui célèbrent leur triomphe, dans leurs concerts harmonieux et divins.

Fin du troisième et dernier acte.

www.ingramcontent.com/pod-product-compliance
Lightning Source LLC
LaVergne TN
LVHW021642170726
843501LV00007B/2383
* 9 7 8 2 3 2 9 6 5 7 3 8 7 *